Tolle Schnitzereien

Hinweis:

Das Werken mit Messern, Sägen und anderen Werkzeugen birgt gewisse Risiken. Autor und Verlag können nicht garantieren, dass die in diesem Buch beschriebenen Techniken von jedermann sicher auszuführen sind. Autor und Verlag übernehmen keine Verantwortung für eventuell entstehende Schäden und Verletzungen und lehnen jegliche Haftungsansprüche ab, die in direktem oder indirektem Zusammenhang mit dem Inhalt dieses Buches erhoben werden.
Bei Aktivitäten in der freien Natur sind die jeweiligen Bestimmungen des Natur-, Pflanzen- und Tierschutzes sowie die geltende Waffengesetzgebung zu beachten.

Bildquellen:
Carsten Andres: alle Modell-, Material- und Arbeitsschrittfotos sowie technischen Zeichnungen (Seite 6, 16, 32)
Fotolia.com: © picsfive (Holzstruktur, Klebestreifen, Papierstreifen blanko),
© Mike McDonald (Illustration Schnitzmesser)

Inhaltsverzeichnis

Schnitzen lernen
geht ganz einfach!

Das musst du wissen, bevor es losgeht

Aus einem einfachen Ast oder einem Stück Holz kleine Figuren oder Spielsachen herzustellen ist etwas Wunderbares. Schnitzen ermöglicht es dir, mit deinen Händen etwas Schönes und Sinnvolles zu erschaffen. Du lernst dabei nicht nur den Werkstoff Holz näher kennen, der geübte und sichere Umgang mit deinem Schnitzmesser fördert auch deine Fantasie und Kreativität. Gleichzeitig schult es deine Fingerfertigkeit, deine Aufmerksamkeit und Konzentration. Und es macht einfach großen Spaß zu erleben, wie aus einem Ast ein kleines Kunstwerk wird.

Sicherheit steht an erster Stelle

Schnitzen ist ein ganz besonderes Hobby, doch du solltest niemals allein und ohne Aufsicht mit Messer und Holz werken. Da im Umgang mit Messern, Sägen oder anderen Werkzeugen Verletzungsgefahr besteht, ist es wichtig, dass beim Schnitzen immer ein Elternteil oder ein Erwachsener dabei ist, der dich anleitet und unterstützt.
Lass dir den richtigen Umgang mit dem Messer zeigen und übe mit viel Geduld und Ruhe, bis du dich sicher damit fühlst. Bitte denke immer daran, dass dein Schnitzmesser ein Werkzeug ist und keine Waffe, und gehe vorsichtig damit um. Nur so kannst du auch sicher sein, dass dir das Schnitzen von Anfang an viel Freude macht und deine Projekte gelingen.
Ob ein Modell einfach, etwas schwieriger oder schwierig ist, zeigen dir die kleinen Messer zu Beginn jeder Anleitung. Ein Messer bedeutet „einfach“, zwei Messer bedeuten „etwas schwieriger“ und drei Messer „schwierig“.

Hinweis an die Eltern:

★ Bitte verwenden Sie ein Messer stets vorsichtig und verantwortungsbewusst, wie Sie es auch von Ihrem Kind erwarten, denn Kinder lernen viel aus der Beobachtung. Lassen Sie Ihr Kind beim Schnitzen niemals ohne Aufsicht und helfen Sie ihm bei der Umsetzung seiner Schnitzprojekte.

Das richtige Schnitzmesser

Es ist nicht ganz einfach, gleich das richtige Schnitzmesser zu finden. Für Kinder gibt es andere Messer als für Erwachsene. Das optimale Messer für dich hat eine abgerundete Spitze und eine kürzere Klinge als Messer für Erwachsene. Aber Vorsicht! Diese Messer sind ebenfalls sehr scharf! Denn nur mit gut geschärftem Werkzeug kannst du sicher und mühelos schnitzen.

Das solltest du mit deinen Eltern beim Kauf eines Messers beachten:

- Sucht das Messer gemeinsam aus. Da sich Schnitzmesser für Kinder auch in der Größe und Form des Griffs unterscheiden können, solltest du am besten selbst ausprobieren, ob das ausgewählte Messer gut und sicher in deiner Hand liegt.
- Bei Klappmessern muss sich die Klinge arretieren (= feststellen) lassen. Das verhindert, dass das Messer beim Schnitzen versehentlich einklappt.

Was brauche ich noch?

Wenn du mit deinem Messer schon etwas Übung hast und dich an schwierigere Modelle wagen möchtest, kannst du mit zusätzlichen Werkzeugen tolle Formen und Verzierungen arbeiten. Frage deine Eltern nach einer kleinen Säge, einem Schraubendreher, nach dünnem Bindfaden, Zwirn, kleinen Schrauben und einem Rollbandmaß. Arbeiten mit dem Nagelbohrer (für kleine Löcher und Vertiefungen) kannst du selbst ausführen, mit dem Akkuschrauber sollten auf jeden Fall nur Erwachsene arbeiten.

Welches Holz nehme ich?

Ist das richtige Schnitzmesser gefunden, machst du dich auf die Suche nach dem geeigneten Holz. Zum Ausprobieren und Üben nimmst du am besten frisches Holz. Das wird in der Fachsprache auch Grünholz genannt. Grünholz hat einen hohen Saftgehalt, dadurch ist es weicher und lässt sich leichter bearbeiten. Der Nachteil ist aber, dass das Holz ganz schön schrumpft, wenn es trocknet. Dadurch können sich nach einigen Tagen Risse bilden. Getrocknetes Holz solltest du nur verwenden, wenn du schon viel Erfahrung und Übung beim Schnitzen hast, denn es lässt sich schwerer bearbeiten. In der Zeichnung unten siehst du den Aufbau eines Astes oder Zweiges. Präge ihn dir gut ein, damit du besser verstehst, wie man sicher und richtig schnitzt.

Aufbau eines Astes

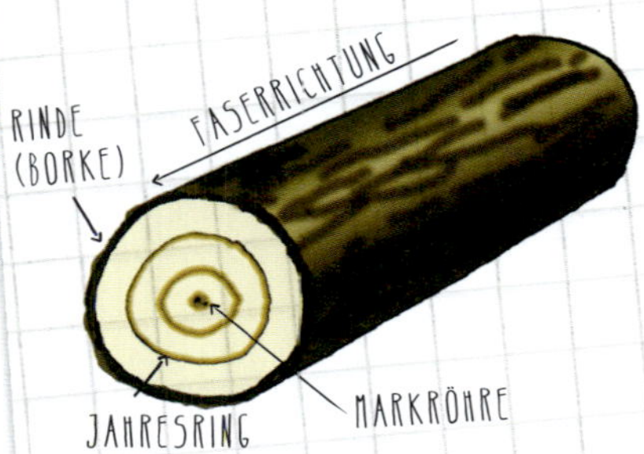

Besonders gut zum Schnitzen eignen sich Linden-, Ahorn-, Eschen-, Hasel- oder Birkenzweige. Ungeeignet sind die blattlosen Zweige und Äste, die du nach windigen Tagen unter Bäumen finden kannst. Sie sind oft morsch und brüchig.

Wo finde ich geeignetes Holz?

Wenn deine Eltern einen Garten oder ein Grundstück mit Bäumen und Sträuchern haben, kannst du die Reste vom Baumschnitt verwenden. Bitte deine Eltern, dass sie dir passende Äste und Zweige heraussuchen. Natürlich kannst du auch Freunde, Nachbarn oder Bekannte fragen, oder deine Eltern erkundigen sich für dich bei Firmen, die Grün- und Baumschnitt durchführen. Sie haben bestimmt Holz übrig, das du verwenden kannst. Frage mit deinen Eltern auch beim örtlichen Wertstoffhof nach. Dort können Kleingärtner Zweige und Äste abgeben, die du verwenden kannst. Oder ihr erkundigt euch beim Forstamt oder Revierförster, sie helfen sicher gerne weiter.

Denk daran: Es ist nicht erlaubt, von Bäumen im Wald, auf Wiesen, in fremden Gärten oder in Parks Äste und Zweige zu entfernen!

Los geht's:
ein kleiner Schnitzkurs

Der richtige Umgang mit dem Schnitzmesser

Damit du schon bald zum Schnitz-Profi wirst und dein Messer sicher und geübt führen kannst, musst du einige Dinge beachten. Bitte denke immer daran, dass erst die Übung einen Meister macht. Überfordere dich daher am Anfang nicht und beginne mit einfachen, kleinen Projekten. So bekommst du schnell ein Gefühl für dein Messer, für die richtige Handhaltung und das sichere Führen deines Messers. Präge dir die folgenden „10 goldenen Schnitz-Regeln“ gut ein:

1. Ein Messer zu haben heißt auch Verantwortung tragen. Deshalb gilt: Dein Messer ist ein Werkzeug und keine Waffe.
2. Schnitze immer nur im Sitzen auf einem festen, nicht wackelnden Sitzplatz.
3. Geschnitzt wird immer vom Körper und von der haltenden Hand weg.
4. Halte immer genug Abstand zu anderen Personen in der Nähe (mindestens 2 Meter).
5. Du solltest nur schnitzen, wenn du gut ausgeruht bist. Sonst fehlt dir die nötige Konzentration. Wenn es sehr heiß ist, solltest du nicht schnitzen.
6. Wähle deine Äste und Zweige nicht zu kurz, damit du sie gut halten kannst.
7. Achte immer auf die richtige Haltung des Messers und setze es richtig am Holz an (ab Seite 8 erfährst du mehr dazu).
8. Schnitze nur mit einem gut geschliffenen Messer. Bei stumpfen Messern erhöht sich die Verletzungsgefahr!
9. Beim Gehen oder Laufen wird das Messer immer geschlossen und sicher verwahrt. Ein Fahrtenmesser mit fester Klinge gehört in die Messerscheide.
10. Geschnitzt wird nur am Werkstück, nicht an Bäumen oder anderen Gegenständen.

Hinweis an die Eltern:

★ Beobachten Sie Ihr Kind beim Schnitzen und reagieren Sie sofort auf Fehler. Überprüfen Sie das Messer regelmäßig und achten Sie darauf, dass es scharf ist und der Feststellmechanismus funktioniert. Bevor mit dem Schnitzen begonnen wird, sollten Sie das Vorgehen ausführlich erklären und vorführen. Machen Sie auf die Gefahren bei falscher Handhabung des Messers aufmerksam, auch auf das sichere Öffnen, Feststellen (= Arretieren) und Schließen des Messers. Berücksichtigen Sie dabei auch immer die Hinweise des Herstellers.

Die wichtigsten Schnitztechniken

Den Ast richtig halten

Der Ast, an dem du schnitzt, sollte immer lang genug und nicht zu dick sein, damit du ihn gut und sicher halten kannst. Als Rechtshänder legst du dafür den linken Unterarm auf deinen linken Oberschenkel und umfasst das Holz fest mit der Hand (Bild 1 + 2). So hast du einen guten Halt und brauchst weniger Kraft. Wenn du Linkshänder bist, nimmst du dafür den rechten Arm und Oberschenkel.

Holz schaben

Beim Schaben führst du dein Messer mit einer schiebenden Bewegung über das Holz. Diese Technik eignet sich, wenn du Rinde von einem Ast oder Zweig entfernen und das Holz darunter nicht beschädigen willst. Du brauchst dafür auch nicht so viel Kraft wie beim Schneiden. Beim Schaben führst du die Messerklinge im 90-Grad-Winkel über den Ast (Bild 3).

Grobes Schnitzen ohne Unterlage

Mit dieser Technik kannst du schnell viel Holz abtragen, brauchst aber auch viel Kraft. Dafür setzt du das Ende der Messerklinge am Holz an und ziehst das Messer mit einer Ziehbewegung durch das Holz (Bild 4 + 5). Wenn das Messer aus dem Holz austritt, löst sich der Span (Bild 6 + 7).

Grobes Schnitzen auf einer Unterlage

Auf diese Weise kannst du gut spitz zulaufende Formen oder längere Flächen schnitzen, wie zum Beispiel die Klinge eines Dolches. Setze deinen Ast dafür auf einer festen, nicht wackelnden Unterlage (etwa einen Baumstumpf) auf. Nun schneidest du das Holz mit einer kräftigen, schnellen Bewegung von oben nach unten in Richtung der Unterlage. Wichtig ist, dass du den Ast dabei fest gegen die Unterlage drückst, damit du nicht mit dem Messer abrutschst (Bild 8).

Ringmuster in die Rinde schneiden

Mit Ringmustern lassen sich Äste ganz einfach schön verzieren, etwa für Wanderstöcke, Grillspieße, einen Zauberstab und vieles mehr.

Lege deinen Ast oder Zweig auf eine feste Unterlage. Nun schneidest du die Rinde mit dem Messer zweimal nebeneinander rundherum ein. Dabei drehst du den Ast auf der Unterlage einmal langsam um die eigene Achse.

Jetzt schneidest du einen kleinen Teil Rinde zwischen zwei Einschnitten vorsichtig weg.

Die restliche Rinde kannst du nun mit den Fingern abziehen. Oder du schneidest, wie auf Bild 2 zu sehen, auch den restlichen Teil mit dem Messer heraus.

Feinschnitzen

Das Feinschnitzen dient zum Glätten der Holzoberfläche, außerdem kannst du damit deine Schnitzobjekte sehr fein ausarbeiten. Du brauchst dafür weniger Kraft als beim groben Schnitzen, Spalten oder Kerben schneiden. Weil du deine Schnitte hier langsamer und genauer setzt, wird auch weniger Holz abgetragen.

Setze deinen Ast auf eine feste Unterlage, die nicht wackelt. Den Daumen deiner Schneidehand drückst du beim Schneiden auf den Rücken der Messerklinge.

Damit du dein Messer genau führen kannst, drückst du zusätzlich mit dem Daumen deiner Haltehand auf den Rücken der Messerklinge. Dafür musst du den Ast aber direkt neben der Schnittstelle festhalten.

Holz mit dem Messer spalten

Beim Spalten benutzt du die Messerklinge wie einen Spaltkeil. Du brauchst dafür ein Schlagholz und eine feste, nicht wackelnde Unterlage wie einen Baumstumpf. Mit einer Hand hältst du den Messergriff, mit der anderen das Schlagholz. Das Holz, das du spalten willst, darfst du auf keinen Fall mit der Hand festhalten, da du dich sonst verletzen könntest! Wichtig ist, dass du das Holz immer in Faserrichtung (siehe Zeichnung Seite 6) spaltest, und nicht quer zur Faserrichtung.

Setze die Messerklinge wie auf dem Foto zu sehen an und treibe sie mit dem Schlagholz ein Stück weit in das Holz.

Den vorstehenden Teil der Klinge schlägst du jetzt mit dem Schlagholz so weit in das Holz, bis es sich teilt. Sei dabei sehr vorsichtig und hole zum Schlagen nicht weit aus, damit du dich nicht verletzt.

Du kannst deinen Ast in der Mitte spalten, aber auch in mehrere Teile. Diese sehen dann aus wie kleine Bretter.

So sieht ein Ast aus, der in vier kleine Bretter aufgespalten wurde. Diese kannst du jetzt zum Beispiel für die Windmühle von Seite 56–58 verwenden.

Kerben schneiden

Das Kerben geht am besten auf einer festen, nicht wackelnden Unterlage. Eine Kerbe kannst du als Verzierung nutzen, du brauchst sie aber auch, wenn du Äste und Zweige mit einer Schnur verbinden willst. Denn die Kerbe verhindert, dass sie beim Zusammenbinden verrutschen.

Zuerst legst du die Mitte der Kerbe fest. Dann schneidest du sie im 90-Grad-Winkel zur Astoberfläche ein.

Jetzt schneidest du den Ast schräg (etwa im 45-Grad-Winkel) zur Kerbenmitte hin ein. Es ist eine einseitige Kerbe entstanden.

Für eine zweiseitige Kerbe wiederholst du von der Gegenseite den schrägen Schnitt zur Kerbenmitte. Jetzt hat die Kerbe eine v-Form.

Umlaufende Kerben schneiden

Für diese Form der Kerbe darf dein Ast nicht zu kurz sein. Nur so kannst du ihn von beiden Seiten gut festhalten und gleichzeitig vom Körper weg schnitzen. Die Kerbe sollte in der Mitte des Astes sein.

Zuerst schneidest du den Ast rundherum leicht schräg und so tief ein, wie die Kerbe später werden soll.

Nun drehst du den Ast um 180 Grad schneidest ihn von der anderen Seite im gleichen Winkel ein. So entsteht eine keil- oder auch v-förmige Vertiefung.

Solche Kerben kannst du als Verzierung schnitzen. Manchmal bilden sie auch den Anfang für eine bestimmte Form, etwa den Kopf oder Hals einer Figur.

Das Sägen

Beim Sägen ist es wichtig, dass du deinen Ast oder dein Holzstück sicher und fest hältst. Achte darauf, dass das Sägeblatt fein gezahnt ist und immer gut geschärft. Am besten verwendest du eine Feinsäge. Mit ihr brauchst du beim Sägen weniger Kraft und das Halten geht leichter. Einen guten Halt hast du mit einem stufenförmigen Absatz, gegen den du das Holz zum Sägen drückst (Bild 1).

Du kannst dir aber auch selbst eine Sägehilfe bauen. Dafür brauchst du ein Aststück, das du v-förmig einkerbst und auf einer Seite flach zuschneidest (Bild 2, siehe auch Seite 10, Holz mit dem Messer spalten). Die Sägehilfe liegt mit der flachen Seite auf einem festen Untergrund (Bild 3). Zum Sägen legst du dein Holzstück jetzt in die Kerbe. Achte darauf, dass es nicht wackelt (Bild 4).

Das Bohren

Das Bohren mit dem Akkuschrauber ist nicht ganz ungefährlich und erfordert viel Kraft beim Halten deines Holzstückes. Arbeiten mit dem Akkuschrauber solltest du daher unbedingt von einem Erwachsenen ausführen lassen. Das Bohren mit dem Nagelbohrer kannst du mit etwas Übung selbst übernehmen.

Schnitzmesser richtig schärfen

Das Schärfen (= Schleifen) des Messers solltest du am besten deine Eltern oder einen Erwachsener übernehmen lassen. Achte darauf, dass dein Messer niemals ganz stumpf wird. Das verringert nicht nur die Verletzungsgefahr, auch das Nachschärfen wird dann nicht ganz so aufwendig. Folgende Werkzeuge braucht ihr zum Schärfen:

1. Kombi-Abziehstein (mit einer groben und einer feinen Seite)
2. Öl-Abziehstein mit Schleiföl
3. Abziehleder und Abziehpaste
4. kleiner zusammenklappbarer Diamantschärfer (für unterwegs)
5. Schärf- und Wetzstab im Kugelschreiberformat (für unterwegs)

Im Handel gibt es viele Handschleifwerkzeuge. Schau dir diese am besten zusammen mit deinen Eltern oder einem Erwachsenen an und lasst euch beraten. Gute Schleifwerkzeuge haben meist auch eine Kurzanleitung die erklärt, wie ihr die Werkzeuge verwenden müsst. Besonders einfach und gut geht das Schleifen auf einem sog. Kombi-Abziehstein mit Wasser. Danach wird das Messer mit Abziehpaste auf dem Abziehleder abgezogen.

Und so geht's:

Ist das Messer ganz stumpf und hat vielleicht sogar kleine Scharten (das sind kleine Einkerbungen oder Vertiefungen) in der Schneide, beginnt ihr mit dem Schärfen auf der groben Seite des vorher gut gewässerten Schleifsteins. Das Wasser verhindert, dass sich abgeschliffene Metallspäne in den Poren des Schleifsteins absetzen. Der Stein darf während des Schleifens nicht austrocknen und muss immer nass sein. Zum Schleifen sollte der Abziehstein auf einer wasserfesten Unterlage (etwa einem alten Kunststoffbrettchen) liegen. So vermeidet ihr Wasserflecken auf der Werkbank oder auf dem Tisch.

Die Messerklinge nun leicht schräg in einem Winkel von 15 Grad halten und in kreisender Scheibenwischer- oder geradliniger Bewegung über den nassen Stein führen. Probiert zusammen aus, welche dieser Schleifbewegungen am besten funktionieren. Wenn sich an der Schneide des Messers Grat (das, was ihr von der Schneide abgeschliffen habt) bildet, wird das das Messer gedreht. Dann schleift ihr auf dieselbe Weise auch die gegenüberliegende Seite der Schneide. Das macht ihr abwechselnd so lange, bis eine gleichmäßige Schneide entstanden ist und alle Scharten verschwunden sind.

Gerade Schleifbewegung: du schleifst in Richtung Messerschneide

Die gerade Schleifbewegung nach dem Drehen des Messers

Kreisende Schleifbewegung: Die Klinge muss über die gesamte Länge geschliffen werden

Dann wiederholt ihr das Schleifen auf der feinen Seite des Schleifsteins. Umso feiner die Schneidefläche wird, desto häufiger solltet ihr beim Schleifen die Seite der Schneide wechseln. So kann sich kaum noch Schleifgrat bilden. Nach dem Schleifen spült ihr euren Kombi-Abziehstein gut mit Wasser ab und lasst ihn trocknen. Zum Schluss wird das Messer mit Abziehpaste oder Polierwachs auf einem Abziehleder abgezogen. Damit auch der feinste Grat von der Schneide verschwindet, arbeitet ihr abwechselnd auf beiden Seiten der Messerschneide.

Blitzschnelle Kreisel

Das brauchst du:

- für die Mittelachse einen gerade gewachsenen Zweig, etwa 25 cm lang, Durchmesser etwa 1 cm (reicht für zwei Kreisel)
- zwei möglichst gleichmäßig rund gewachsene Äste, etwa 20 cm lang, Durchmesser etwa 3 cm und 4,5 cm (besonders gut eignet sich Holz von Birke, Hasel, Linde oder Ahorn)
- dein Messer, einen Zirkel, ein Lineal, einen schwarzen Filzstift, Holzleim, eine Säge und einen Handbohrer oder Akkuschrauber mit 6-mm-Bohrer

Runder Kreisel – **einfach**

Sechseckiger Kreisel mit Augen – **schwierig**

So geht's:

Zuerst wird der 3 cm dicke Ast in der Mitte mit dem 6-mm-Bohrer etwa 2 cm tief gerade aufgebohrt. Das Bohren sollte unbedingt ein Erwachsener übernehmen, da man zum Halten des Aststückes viel Kraft braucht.

Nun sägst du eine etwa 1 cm dicke Scheibe von diesem Ast ab. Sie dient als Schwungrad für den Kreisel.

Schnitze den dünnen Zweig mit 1 cm Durchmesser mit groben Schnitten auf 7 mm Durchmesser zu.

Dann arbeitest du ihn mit feinen Schnitten aus, bis er genau in die Bohrung der Scheibe passt.

Damit sich dein Kreisel optimal dreht, sollte der Winkel zwischen Schwungrad und Mittelachse 90 Grad betragen.

Die Mittelachse muss jetzt auf eine Länge von 4,5 cm gekürzt werden. Du kannst sie absägen oder du entfernst das Holz durch kreisförmiges Einschneiden von Kerben.

Schnitze an der Mittelachse eine Spitze, auf der sich dein Kreisel später drehen kann. Dann steckst du das Schwungrad auf die Mittelachse und drehst den Kreisel zur Probe. Wenn er sauber läuft, kannst du die Achse mit Holzleim am Schwungrad befestigen.

Für den Sechskant-Kreisel sägst du von dem 4,5 cm dicken Ast eine 1 cm dicke Scheibe ab. Mit Zirkel und Lineal konstruierst du wie auf der unten abgebildeten Zeichnung ein Sechseck. Lass dir dabei von einem Erwachsenen helfen.

Nun spaltest du das Holz an den äußeren Kanten des Sechseckes ab und erhältst so die gewünschte Form deines Schwungrades.

Durchbohre das Schwungrad gerade und in der Mitte. Das Bohren sollte ein Erwachsener übernehmen. Um den Kreisel fertigzustellen folgst du den Schritten 3–7 dieser Anleitung. Zum Schluss malst du mit Filzstift die Augen auf die sechs Flächen.

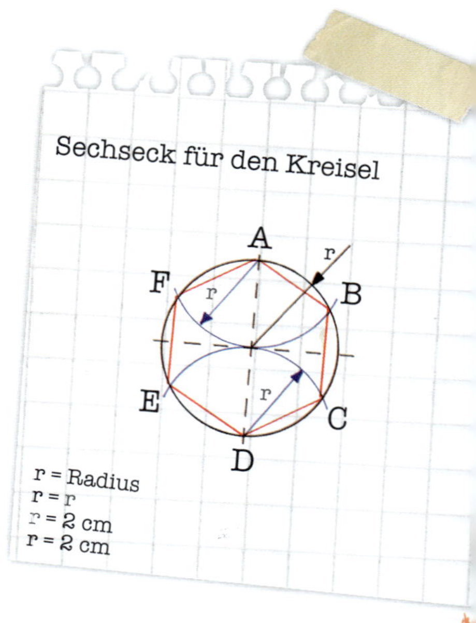

Ein Sechseck konstruieren:
Von den Punkten A und D aus konstruierst du mit dem Zirkel einen Kreisbogen (blau dargestellt) im gleichen Radius wie der des Hauptkreises. Dabei ergeben sich die Punkte B, C, E und F. Die Punkte werden nun nacheinander verbunden und das Sechseck (rot dargestellt) ist fertig.

Korken-schleuder

Das brauchst du:

- eine gleichmäßig gewachsene Astgabel, etwa 30 cm lang, Durchmesser 1,5–2 cm. Die Gabel sollte in der Mitte des Astes beginnen (besonders gut eignet sich Holz von Hasel oder Esche)
- dein Messer, eine Schere, breites Elastikgummiband (etwa 42 cm lang), etwas Zwirn, eine Nähnadel, ein Stück altes Leder, einen Weinkorken und einen Bleistift

etwas schwieriger

Korkenschleuder

Bitte beachte:

Eine Korkenschleuder ist ein Sportgerät und keine Waffe! Ziele mit deiner Korkenschleuder nur auf leere Blechdosen oder eine Zielscheibe, die vor einer festen Wand steht oder hängt und ein gut einsehbares Schussfeld hat. Schieße nur, wenn du dir sicher bist, dass keine Personen und Tiere getroffen und verletzt werden und keine Gegenstände beschädigt werden!

So geht's:

1 Hier siehst du alle Materialien und Werkzeuge, die du zur Herstellung deiner Korkenschleuder brauchst.

2 Etwa 1,5 cm von den beiden Enden der Astgabel entfernt zeichnest du die Position und die Breite deines Gummibandes mit Bleistift an.

3 An der Stelle, an der du das Gummiband später befestigst, schnitzt du zuerst ein Ringmuster (so breit wie das Gummiband).

Schneide aus dem Leder (du kannst auch Kunstleder verwenden) ein Rechteck in der Größe 7 cm x 3,5 cm.

Dann schneidest du das Leder wie auf dem Foto zu sehen ein. Die Schnitte müssen genauso breit sein wie dein Gummiband. Ziehe das Gummiband durch die Einschnitte.

Schlage die beiden Enden des Gummibandes doppelt ein und nähe sie mit Nadel und Zwirn fest. Lass dir dabei bitte von einem Erwachsenen helfen.

Schiebe nun die Gummiband-Schlaufen über die Enden der Astgabel in die dafür geschnitzten Rindenringe.

Das Gummiband sitzt nun fest im Rindenring. Wenn es zu locker sitzt, musst du die Schlaufen etwas verändern und neu nähen.

Schiebe das Leder in die Mitte des Gummibandes und nähe es an den beiden kurzen Seiten am Gummiband fest.

Die Korkenschleuder ist jetzt fertig. Nimm ein paar alte Weinkorken und lass sie von einem Erwachsenen in der Mitte durchschneiden. Sie dienen dir als Wurfgeschoss. Wenn du magst, kannst du deine Schleuder an den Griffen mit einem schönen Muster verzieren.

Schön verzierte Pfeifen

Das brauchst du:

- einen gerade gewachsenen Ast, etwa 15 cm lang, Durchmesser 1,5–2 cm (besonders gut eignet sich Holz von Birke, Ahorn oder Esche)
- dein Messer, ein Maßband oder Lineal, Holzleim und einen Akkuschrauber mit 4-mm- und 8-mm-Bohrer

etwas schwieriger

So geht's:

Ein Ast wird mittig und gerade mit dem 4-mm-Bohrer vorgebohrt. Das muss auf jeden Fall ein Erwachsener übernehmen!

Dann wird mit dem 8-mm-Bohrer nachgebohrt. Die Bohrtiefe sollte 7–8 cm betragen. Auch diese Arbeit muss unbedingt ein Erwachsener übernehmen.

6 cm vom gebohrten Ende des Astes entfernt schneidest du die Rinde rundherum ein.

Auf dieser Länge von 6 cm entfernst du nun mit groben Schnitten die Rinde.

Mit feinen Schnitten wird die Pfeifenröhre jetzt nachgeschnitzt.

Nun sollte die Wandstärke der Röhre möglichst gleichmäßig sein.

Für das Luftloch schneidest du die Röhre 2 cm vom Ende des späteren Mundstücks entfernt etwa bis zur Mitte ein.

Mit mehreren Schnitten schräg gegen den Einschnitt legst du das Luftloch frei.

Jetzt schnitzt du den anderen Ast auf einer Länge von 4 cm rundherum so zu, dass er den Innendurchmesser der Röhre erreicht.

Es ist wichtig, dass das Rundholz genau in die Röhre passt. Ansonsten arbeitest du mit feinen Schnitten noch etwas nach.

Das Rundholz wird auf 1,8 cm Länge abgesägt. Das ist etwas kürzer als der Abstand zwischen Luftloch und Mundstück.

Von diesem kurzen Rundholzstück spaltest du nun vorsichtig ein kleines Stück ab, das auf einer Seite flach und gerade ist.

Dann klebst du das Holzstück wie auf dem Foto zu sehen in das Mundstück der Röhre. Die gerade Fläche, wo du vorher das Holz abgespalten hast, zeigt dabei wie das Luftloch nach oben.

Wenn der Holzleim trocken ist, schnitzt du dein Mundstück in Form. Arbeite dafür eine schöne glatte Rundung, damit du dich nicht am Mundstück verletzt. Fertig ist die Pfeife!

Pfeifen

Tipp:

★ Verziere deine Pfeife mit einem schönen Ringmuster. Wenn der Ast für deine Pfeife einen Seitentrieb hat, kannst du diesen als Nase für ein lustiges Gesicht (siehe Seite 62–64) verwenden.

Floß

mit Blättersegel

Das brauchst du:

- insgesamt 10 gerade gewachsene Äste (von Hasel oder Birke) mit den Abmessungen (Fertigmaße, nur die Querstücke werden noch gekürzt)

  4 Stück, 15 cm lang, Durchmesser 1 cm (Rumpf, Teil A)
  2 Stück, 15 cm lang, Durchmesser 1,5 cm (Rumpf, Teil B)
  1 Stück, 15 cm lang, Durchmesser 2 cm (Rumpf, Teil C)
  2 Stück, 15 cm lang, Durchmesser 1 cm (Querholz)
  1 Stück, 18 cm lang, Durchmesser 5 mm (Mast)

- dein Messer, eine Säge, ein Maßband oder Lineal, einen Bleistift, Bindfaden und einen Handbohrer oder Akkuschrauber mit 6-mm-Bohrer

etwas schwieriger

So geht's:

1 Schneide beide Enden aller Äste mit kurzen, feinen Schnitten rundherum schräg an.

2 Damit die beiden Querhölzer später nicht verrutschen können, musst du die sieben Äste für den Rumpf des Floßes an beiden Enden mit jeweils 2 cm Abstand zum Ende einkerben. Die Kerben müssen genau in einer Linie liegen. Zeichne sie deshalb vor dem Schneiden genau an und schneide sie sorgfältig ein.

Lege die sieben Rumpfhölzer nebeneinander. Dann legst du die Querhölzer auf und sägst sie so zu, dass sie an jedem Ende 1 cm überstehen.

Etwa 1 cm von beiden Enden entfernt schneidest du jetzt eine kleine Kerbe in die Querhölzer.

In dieser Kerbe wird nun der Anfang des Bindfadens verknotet. Schneide den Faden aber noch nicht ab!

Nun legst du den ersten Ast (1 x Teil A) des Rumpfteils mit der Kerbe unter das Querholz. Umwickle die beiden Hölzer mit dem Bindfaden fest über Kreuz und verknote dann den Faden.

Auf diese Weise bindest du jetzt die restlichen Äste für den Rumpf der Reihe nach am Querholz fest. Jeder Ast muss dabei sicher in der Kerbe des Querholzes liegen. Beachte dabei die Reihenfolge der Äste für den Rumpf: 2 x Teil A, 1 x Teil B, 1 x Teil C, 1 x Teil B und 2 x Teil A (siehe Materialliste auf Seite 25).

Sind alle Äste festgebunden, wechselst du die Richtung und bindest die Äste noch einmal zurück bis zum Anfang.

Dabei musst du den Bindfaden über Kreuz zwischen den Rumpfhölzern hindurchfädeln. So entsteht zwischen dem Rumpf und den Querhölzern eine feste Verbindung.

Wenn du wieder am Anfang angekommen bist, verknotest du Fadenanfang und Fadenende und schneidest den restlichen Faden ab.

Auf diesem Bild siehst du den fertig gebundenen Rumpf. Zur Mitte des Rumpfes hin werden die Äste immer dicker.

In den dicksten Ast in der Mitte des Rumpfes wird nun für den Mast ein senkrechtes Loch gebohrt. Das Bohren sollte unbedingt ein Erwachsener übernehmen.

Schneide das Holz für den Mast an einem Ende spitz zu, damit er in die Bohrung passt.

Setze den Mast ein. Als Segel steckst ein großes Blatt (z.B. ein Ahorn-, Linden- oder Eichenblatt) auf den Mast.

Jetzt kannst du dein Floß in einem Bach schwimmen lassen.

Ein Dolch
für mutige Ritter

Das brauchst du:

- zwei gerade gewachsene Äste, 1 x 30 cm lang, Durchmesser 3 cm, und 1 x 10 cm lang, Durchmesser 1,5 cm (besonders gut eignet sich Holz von Linde, Birke, Ahorn oder Esche)
- dein Messer, eine Säge, Bastelkleber und ein Stück Bindfaden

etwas schwieriger

So geht's:

Als Vorbereitung rundest du den großen Ast am dickeren Ende (das wird später der Griff) mit feinen, kurzen Schnitten ab.

Für den später quer stehenden Handschutz schneidest du den langen Ast 10 cm unter dem gerundeten Griffende so ein, dass du eine Kerbe schnitzen kannst.

Schnitze die Kerbe so, dass der kurze Ast für den Handschutz darin Platz hast.

Prüfe, ob der Ast gut in die Kerbe passt und nicht wackelt. Außerdem sollte er im rechten Winkel zum Griff in der Kerbe sitzen.

Unterhalb der Kerbe wird nun die Klinge geschnitzt. Drücke deinen Ast gegen eine feste Unterlage und arbeite mit groben Schnitten zuerst eine Seite der Klinge, dann die andere.

Schnitze beide Klingenseiten mit feinen Schnitten nach, bis die Oberflächen glatt und gleichmäßig sind.

Jetzt kommt die Dolchspitze. Drücke die Klinge wieder gegen eine feste Unterlage und schnitze die Spitze mit groben Schnitten vor.

Anschließend arbeitest du die Spitze mit feinen, kurzen Schnitten nach.

Der kurze Ast für den Handschutz wird jetzt an beiden Seiten mit feinen, kurzen Schnitten gerundet. Dann verbindest du ihn mithilfe des Bindfadens mit dem Dolch.

Dafür wickelst du den Bindfaden in mehreren Lagen über Kreuz.

Am Schluss wird der Faden fest verknotet, dann sicherst du ihn mit ein paar Tropfen Bastelkleber.

Tipp:

★ Auf diese Weise kannst du auch ein Schwert schnitzen. Du brauchst dafür nur etwas längere und dickere Äste.

Dolch

Mein neuer Zauberstab

Das brauchst du:

- einen gerade gewachsenen Ast, etwa 35–40 cm lang, Durchmesser 1–1,5 cm (besonders gut eignet sich Holz von Birke, Ahorn oder Esche)
- dein Messer und ein Maßband oder Lineal

einfach

So geht's:

Beginne am dickeren Ende des Astes. Hier entsteht der Griff. Runde das Ende mit feinen, kurzen Schnitten rundherum sorgfältig ab.

Den Griff verzierst du nun mit einem Ringmuster. Der Abstand zwischen den Einschnitten sollte etwa 5 mm breit sein. Orientiere dich dabei an der Zeichnung.

Schneide das Ringmuster vorsichtig heraus. Etwa 1,5 cm hinter dem ersten Ring schneidest du die Rinde nochmals rundherum ein. 8 cm davon entfernt schneidest du die Rinde ein weiteres Mal rundherum ein.

Entferne zwischen den beiden Einschnitten die Rinde für das 8 cm lange Mittelteil des Griffs.

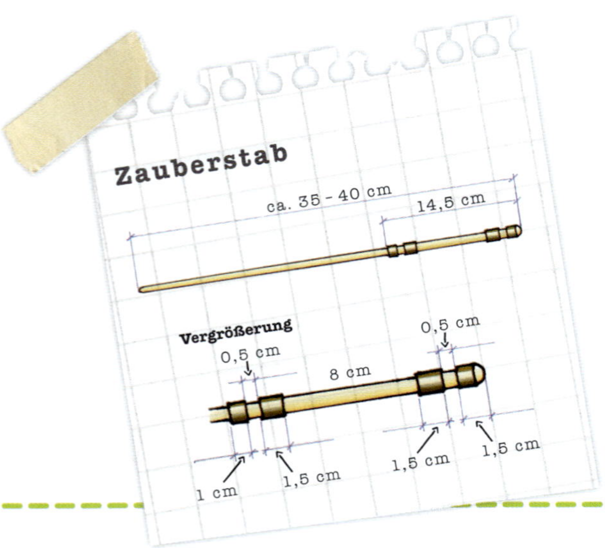

Arbeite das Mittelteil des Griffs sauber aus. Dann schneidest du das zweite Ringmuster ein und legst es mit dem Messer frei.

Der Griff des Zauberstabs ist fertig: Das gerundete Ende und das Ringmuster sind gut zu erkennen.

Nun schneidest du die Rinde am vorderen Teil deines Zauberstabes vorsichtig weg. Wenn du noch nicht so viel Übung hast, kannst du die Rinde auch abschaben.

Hat dein Zauberstab überall fast den gleichen Durchmesser, solltest du ihn zur Spitze hin etwas dünner, aber nicht spitz zuschneiden.

Jetzt kannst du mit deiner Zaubervorstellung beginnen!

Fröhliche Zwerge

Das brauchst du:

- einen gerade gewachsenen Ast, etwa 30 cm lang, Durchmesser 2–2,5 cm, und einen dünnen Zweig für die Arme, etwa 10 cm lang, Durchmesser etwa 3 mm (besonders gut eignet sich Holz von Birke, Hasel, Linde oder Ahorn)
- dein Messer, eine Säge, ein Maßband oder Lineal, Stifte in Rot und Schwarz, Holzleim und einen Handbohrer oder Akkuschrauber mit 3-mm-Bohrer

schwierig

So geht's:

Beginne in der Mitte des Astes. Dort schneidest du das Holz rundherum ein.

Nun schneidest du leicht schräg mit vielen kleinen Schnitten gegen diesen Einschnitt. So entstehen die Schultern des Zwerges.

Die Unterseite des späteren Kopfes wird jetzt mit kurzen Schnitten gegen den Einschnitt abgerundet.

Mit feinen Schnitten formst du den Zwergenkopf so, dass er aussieht wie ein halbes Ei.

Jetzt sägst du den Ast 5 cm oberhalb des Einschnittes (also über den Schultern) von Schritt 1 ab.

Drücke den Ast mit dem Kopf nach unten gegen eine feste, nicht wackelnde Unterlage. Dann wird die Zipfelmütze des Zwergs mit groben Schnitten vorgeschnitzt.

Nun arbeitest du die Mütze mit feinen Schnitten nach.

Am Mützenanfang schneidest du das Holz rundherum ein.

Jetzt schneidest du die Mützenunterkante frei: Dafür setzt du leicht schräg gegen diese Kante rundherum feine, kurze Schnitte.

So sieht der fertige Zwergenkopf mit Zipfelmütze aus.

Die Füße des Zwerges werden als Kerbe unterhalb des Einschnittes von Bild 1 geschnitzt.

Die Kerbe wird ausgeschnitten, dann entfernst du nach unten hin die Rinde.

Mit einem kurzen, flachen Schnitt arbeitest du den Kragen des Zwergenmantels.

Unterhalb der Schultern werden jetzt mit dem 3-mm-Bohrer zwei Löcher für die Arme gebohrt. Die Bohrungen müssen leicht schräg nach unten verlaufen. Lass das Bohren am besten einen Erwachsenen übernehmen. Dann sägst du den Zwerg unterhalb der Füße ab.

Schneide von dem dünnen Zweig zwei 2,5 cm lange Stücke für die Arme ab.

Mit dem Messer schneidest du die Arme an einem Ende spitz zu, damit sie gut in die Bohrungen passen.

Dann klebst du die Arme mit einem Tropfen Holzleim in die Bohrungen.

Zum Schluss malst du mit Farbstiften das Zwergengesicht auf.

Zwerge mit und ohne Mütze

Wanderstöcke

für Abenteurer

Das brauchst du:

- einen gerade gewachsenen Ast, etwa 90–120 cm lang, Durchmesser 3,5–4,5 cm (besonders gut eignet sich Holz von Birke, Linde, Ahorn oder Esche)
- dein Messer und eine Säge

einfach

So geht's:

Runde den Ast an der dickeren Seite, wo der Griff entstehen soll, mit feinen, kurzen Schnitten ab.

Den Griff verzierst du nun mit einem Ringmuster.

Als weiteres Muster wird eine Spirale in die Rinde geschnitten. Dafür drückst du dein Messer wie auf dem Bild zu sehen schräg in die Rinde. Dann drehst du den Stock mit der anderen Hand langsam nach links. Dabei entsteht ein spiralförmiger Schnitt. Entscheide selbst, wie lang deine Spirale werden soll.

Schneide nun etwa 2 mm unterhalb der ersten Spirale mit gleichbleibendem Abstand und gleicher Länge eine zweite Spirale in die Rinde.

Jetzt entfernst du die Rinde zwischen den beiden Einschnitten.

Am Ende der Spirale schnitzt du wieder ein Ringmuster.

Einige Zentimeter davon entfernt schneidest du jetzt die Rinde für einen breiten Rindenring ein.

Entferne die Rinde zwischen den Einschnitten und ziehe sie vorsichtig ab. Fertig ist dein Wanderstock!

Auf diesem und dem nächsten Bild siehst du zwei weitere Verzierungen: Die zwei Seitentriebe dieses Astes wurden mit der Säge gekürzt. Das Griffende ist abgerundet. Unter den Seitentrieben wird der Griff mit einem breiten Rindenring fast ganz von der Rinde befreit.

Der Griff dieses Wanderstockes wurde als Storchenkopf gestaltet. Wie du dafür vorgehen musst, kannst du beim Grillspieß auf Seite 49/50 nachlesen.

Weißt du schon, wohin du wandern willst?

Kleine Tannenbäume

Das brauchst du:

- einen gerade gewachsenen Ast, etwa 25 cm lang, Durchmesser 1 cm, und einen möglichst rund gewachsenen Ast, etwa 20 cm lang, Durchmesser 3 cm (besonders gut eignet sich Holz von Linde, Birke oder Hasel)
- dein Messer, eine Säge, Holzleim, einen Handbohrer oder Akkuschrauber mit 6-mm-Bohrer

Tannenbäume

schwierig

So geht's:

Drücke den dünneren Ast gegen eine feste Unterlage. Schnitze ihn auf einer Länge von etwa 10 cm mit groben Schnitten so zu, dass er nach unten hin immer schmaler wird.

Mit feinen Schnitten arbeitest du so lange nach, bis eine langgezogene Spitze entstanden ist.

Jetzt schneidest du die Späne in den Ast, sie sind die Zweige deines Tannenbaumes. Dein Messer muss dafür gut geschärft sein, dann brauchst du weniger Kraft. Beginne mit dem Einschneiden der Späne unterhalb der Spitze.

Schneide die Späne möglichst dünn, dann stehen sie besser vom Ast ab. Arbeite die Späne rundherum und von der Baumspitze weg.

Etwa 2 cm von den untersten Spänen entfernt wird der Ast jetzt abgesägt. Lass dir dabei von einem Erwachsenen helfen.

Jetzt wird von dem anderen, dickeren Ast eine etwa 5 mm dicke Scheibe abgesägt.

Diese Scheibe wird nun mit einem Handbohrer oder Akkuschrauber mittig durchbohrt. Das Bohren mit dem Akkuschrauber sollte ein Erwachsener für dich übernehmen.

Jetzt hältst du deinen Baum an der Spitze fest und stellst ihn wieder auf eine feste Unterlage. Schneide das Ende des Stammes mit feinen Schnitten spitz zu, bis es in die Bohrung der Holzscheibe passt.

Mit etwas Holzleim kannst du den Stamm zusätzlich befestigen.

Glückliche Schweinchen

Das brauchst du:

- einen gerade gewachsenen Ast, etwa 30 cm lang, Durchmesser 2,5 cm, und einen dünnen Zweig für die Beine, etwa 15 cm lang, Durchmesser 3 mm (besonders gut eignet sich Holz von Linde, Birke, Ahorn oder Hasel)
- dein Messer, eine Säge und Schere, zwei Wäscheklammern, etwas Leder oder Bastelfilz, ein Lederband oder Bindfaden, Holzleim, Bastelkleber, einen Stift in Schwarz und einen Handbohrer oder Akkuschrauber mit 2-mm- und 3-mm-Bohrer

etwas schwieriger

So geht's:

An einem Ende des Astes schneidest du eine leicht schräge Fläche an.

Direkt daneben schneidest du eine zweite, ebenso große schräge Fläche an. Die angeschnittene Fläche sieht jetzt aus wie ein Herz. Sie wird später das Gesicht des Schweinchens.

Die Unterseite des Kopfes schneidest du in Richtung der Nase mit feinen Schnitten spitz zu.

Für die Ohren wird der Ast kurz hinter dem Gesicht leicht schräg zur Nase hin etwa 4 mm tief eingesägt. Lass dir dabei von einem Erwachsenen helfen.

Für das Hinterteil der Figur schnitzt du eine umlaufende Kerbe.

Dann schabst du von der Kerbe aus in Richtung des Kopfes die Rinde ab.

Markiere nun auf der Bauchseite die Löcher für die vier Beine.

Die Löcher werden mit dem 3-mm-Bohrer gebohrt. Das Bohren mit dem Akkuschrauber sollte ein Erwachsener übernehmen.

An der umlaufenden Kerbe sägst du jetzt den Körper ab.

Für die Ohren schneidest du aus dem Leder- oder Filzstück zwei gleichschenklige Dreiecke.

Dann klebst du die Ohren mit Bastelkleber in den eingesägten Schlitz von Schritt 4.

Schneide den dünnen Zweig an einem Ende spitz zu und klebe ihn mit einem Tropfen Holzleim in eine Bohrung für die Beine.

Wenn der Holzleim getrocknet ist, kürzt du das Bein auf einer festen Unterlage mit dem Messer auf die richtige Länge. Aus dem restlichen Zweig fertigst du die anderen drei Beinchen.

An der Oberseite des Hinterteils wird nun mit dem 2 mm-Bohrer ein Loch für den Ringelschwanz gebohrt.

Mach in das Lederband einen lockeren Knoten, klebe ihn in die Bohrung und schneide das Lederband dicht hinter dem Knoten ab.

Wenn die eingeklebten Ohren fest sitzen, klappst du sie nach unten und klebst sie mit einem Tropfen Bastelkleber fest.

Fixiere die Ohren mit Wäscheklammern, bis der Klebstoff getrocknet ist.

Zum Schluss malst du dem Schweinchen zwei Augen auf.

Schweinchen

Grillspieße
für die Gartenparty

Das brauchst du:

- einen Ast mit einem Seitentrieb für den Spieß mit Storchenkopf und gerade gewachsene Äste ohne Seitentriebe für die anderen Spieße, alle etwa 35 cm lang, Durchmesser 1 cm (besonders gut eignet sich Holz von Buche, Hasel oder Ahorn)
- dein Messer und eine Säge

etwas schwieriger

So geht's:

Beginne am Ast mit dem Seitentrieb. Für den Kopf des Storches rundest du ein Zweigende mit feinen, kurzen Schnitten rundherum sorgfältig ab.

Nun schnitzt du rechts und links über dem Seitentrieb mit der abgerundeten Messerspitze zwei Kerben ein. Das sind jetzt die Augen des Storches.

Die Kerben schneidest du wie auf Seite 11 beschrieben in drei Schritten ein.

Mit groben Schnitten schneidest du den gekürzten Seitentrieb spitz zu und formst ihn zu einem Schnabel aus.

Schnitze den Schnabel mit feinen Schnitten nach, bis er gleichmäßig geformt ist.

Unterhalb des Schnabels schneidest du jetzt die Rinde rundherum ein.

Schneide die Rinde bis zum rundherum verlaufenden Einschnitt vorsichtig weg.

Von dieser Kante aus befreist du den Spieß zur Spitze hin von der Rinde. Arbeite dabei mit groben Schnitten.

Jetzt ist dein Spieß fast ohne Rinde.

Drücke den Ast mit dem noch unbearbeiteten Ende gegen eine feste Unterlage. Nun formst du die Spitze mit groben Schnitten.

Dann wird die Spitze mit feinen Schnitten nachgeschnitzt, bis die Oberfläche gleichmäßig ist.

Auf diesem Bild siehst du verschiedene Muster, mit denen du deine Grillspieße gestalten kannst.

Meine ersten Trommelstöcke

Das brauchst du:

- zwei gerade gewachsene Äste, etwa 28 cm lang, Durchmesser 2 cm (besonders gut eignet sich Holz von Birke oder Hasel)
- dein Messer und eine Säge

Trommelstöcke

etwas schwieriger

So geht's:

Beginne am dünneren Ende des Astes. Mit kurzen Schnitten formst du es wie eine Halbkugel.

Entferne nun auf einer Länge von etwa 4 cm mit groben Schnitten die Rinde.

Schneide das Holz etwa 1,5 cm von der abgerundeten Spitze entfernt rundherum ein.

Lege deinen Ast jetzt auf eine feste Unterlage und schneide das Holz rundherum schräg gegen diesen Einschnitt ein.

Arbeite die Einschnitte durch feines Nachschnitzen so aus, dass eine kugelförmige Spitze entsteht.

Setze dein Messer jetzt in der Mitte des Astes an und arbeite ihn rundherum so aus, dass er in Richtung der Kugel dünner wird. Gehe dabei vorsichtig vor, damit du nicht versehentlich die Kugel wegschneidest.

Dann glättest du die soeben geschnitzte Fläche mit feinen, kurzen Schnitten.

Schabe die Rinde am Griff der Trommelstöcke ab.

Das Ende des Griffs schneidest du jetzt rundherum schräg an. Die Schnitte sollten nicht länger als 3–4 mm sein.

Der erste Trommelstock ist fertig. Den zweiten schnitzt du nun auf dieselbe Weise.

Meine kleine Stadt

Das brauchst du:

- einen gerade gewachsenen Ast, etwa 35–40 cm lang, Durchmesser 3–3,5 cm (besonders gut eignet sich Holz von Birke, Hasel, Linde, Ahorn oder Esche)
- dein Messer, eine Säge und einen Bleistift

einfach

So geht's:

Ein Ende des Astes schneidest du mit kurzen, feinen Schnitten zur Mitte hin spitz zu. Achte darauf, dass du rundherum gleichmäßig arbeitest.

Die fertige Spitze ist jetzt das Dach deines Häuschens.

Nun zeichnest du mit Bleistift die Fenster auf die Rinde.

Schneide mit der scharfen Kante der Messerspitze die langen Seiten der Fenster ein.

Dann schneidest du die kurzen Ober- und Unterseiten der Fenster ein.

Schnitze mehrere Häuschen, die alle unterschiedlich viele Stockwerke, Fenster und Türen haben, und baue dir eine kleine Stadt daraus.

Jetzt kannst du die Rinde zwischen den Einschnitten vorsichtig mit der Messerspitze herausschneiden.

Nun ist die Tür dran. Setze dein Messer flach an und entferne die Rinde mit einem Schnitt. Dabei schneidest du von den Fenstern weg.

Zum Schluss sägst du den Ast unterhalb der Tür ab, sodass das Häuschen gerade steht. Lass dir dabei am besten von einem Erwachsenen helfen. Fertig ist ein Häuschen.

Windmühle

Ein solches Häuschen lässt sich auch toll zu einer Windmühle aufrüsten. Für die Flügel und die Nabe brauchst du drei zusätzliche Äste und noch ein paar Werkzeuge:

- X 2 Äste, je 5 cm lang, Durchmesser 2 cm (Flügel)
- X 1 Ast, 20 cm lang, Durchmesser 1,5 cm (Nabe)
- X kleine Holzschraube, Durchmesser 3 mm, 3 cm lang
- X einen passenden Schraubendreher, Bastelkleber
- X Handbohrer oder Akkuschrauber mit 3-mm- und 4-mm-Bohrer

So geht's:

Du kannst das Dach deiner Windmühle wie beim Häuschen spitz zulaufen lassen oder aber mit feinen, kurzen Schnitten als Halbkugel ausarbeiten.

Nun wird der Ast für die Nabe etwa 5 mm vom Ende entfernt kreuzförmig mit dem 3-mm-Bohrer durchbohrt. Die Bohrungen müssen unbedingt in einem rechten Winkel zueinander angebracht werden. Das Bohren sollte auf jeden Fall ein Erwachsener übernehmen.

Dann wird mit dem 4-mm-Bohrer die Achsbohrung (für die Schraube) in die Mitte der Nabe gebohrt.

Jetzt sägst du die Nabe bei einer Länge von 1 cm ab.

Für die Flügel spaltest du von den beiden anderen Ästen jeweils zwei Brettchen mit 3 mm Stärke ab.

Schneide die Brettchen auf die gleiche Breite zu.

Zeichne jetzt die Flügelform auf: Der kleine Zapfen, der später in die Bohrungen der Nabe gesteckt wird, sollte 3 mm breit und 3 mm stark sein.

Nun drückst du die Brettchen gegen eine feste Unterlage, die nicht wackelt, und arbeitest die Flügel mit feinen, kurzen Schnitten aus.

Klebe die Flügel mit dem Zapfen leicht schräg in die Bohrungen der Nabe. Achte darauf, dass alle Flügel gleich schräg stehen und in die gleiche Richtung zeigen.

Zum Schluss schraubst du das fertige Flügelrad so über der Tür deines Mühlenhäuschens an, dass es sich leicht drehen lässt.

zwei Windmühlen

Flinker Fisch

Das brauchst du:

- einen gerade gewachsenen Ast, etwa 25 cm lang, Durchmesser 1,5 cm (besonders gut eignet sich Holz von Birke, Hasel oder Linde)
- dein Messer, eine Säge, einen Bleistift, ein Maßband oder Lineal und einen Handbohrer oder Akkuschrauber mit sehr dünnem Bohrer

Fisch

etwas schwieriger

So geht's:

Mit groben Schnitten schnitzt du eine gerade Fläche, die etwa 12 cm lang ist.

Schnitze auch die gegenüberliegende Seite auf diese Weise, sodass ein Brettchen mit 5 mm Stärke entsteht.

Auf einer flachen Seite zeichnest du nun mit Bleistift einen Fisch auf.

Schneide die Rinde an den Außenkanten des Brettchens vorsichtig weg.

Mit kurzen, feinen Schnitten arbeitest du jetzt auf einer Seite die Form der Schwanzflosse aus.

Dann drehst du den Ast um 180 Grad und hältst ihn so, dass du die Flosse an der anderen Seite weiter ausarbeiten kannst.

Den Übergang von der Flosse zum Körper arbeitest du rundherum mit feinen Schnitten aus. Dafür drehst du den Ast immer wieder und schnitzt so lange, bis der Fischkörper gleichmäßig und glatt ist.

Setze das Messer jetzt am Kopf deines Fisches an und schneide den Ast in Richtung Fischmaul mehrmals schräg ein.

Wenn deine Einschnitte tief genug sind, kannst du das restliche Holz wie im Bild zu sehen leicht abbrechen.

Arbeite den Kopf und Körper deines Fisches mit feinen, kurzen Schnitten aus.

An der Bleistiftmarkierung für die Augen wird jetzt das Holz durchbohrt. Lass dir dabei von einem Erwachsenen helfen.

Dann sägst du den Ast hinter der Schwanzflosse ab.

Drücke den Fisch mit der Schwanzflosse gegen eine feste Unterlage und schnitze die Flosse mit feinen, kurzen Schnitten nach.

Zum Schluss schneidest du das Flossenende entsprechend deiner Vorzeichnung von beiden Seiten bis zur Mitte schräg ein.

Lustige Gesichter

Das brauchst du:

- für mehrere Figuren einen Ast mit einigen Seitentrieben, etwa 35 cm lang, Durchmesser 2–2,5 cm (besonders gut eignet sich Holz von Birke, Hasel oder Linde)
- einen Handbohrer oder Akkuschrauber mit 4-mm-Bohrer (für Anhänger) und einem Bohrer passend zum Durchmesser deines Stiftes (für Stiftaufsatz)
- dein Messer, eine Säge und Schraubösen

etwas schwieriger

So geht's:

Beginne an einem Seitentrieb, er wird die Nase deiner Figur. Oberhalb eines Seitentriebes schnitzt du rechts und links je eine Kerbe für die Augen.

Für den Mund schneidest du zwei Kerben, die sich mittig treffen, v-förmig in die Rinde. Für eine Grimasse kannst du die Kerbe für den Mund auch verkehrt herum einschneiden.

Mit der gerundeten Messerspitze schneidest du die Kontur sauber nach.

Dann schneidest du die Spitze in der Mitte der Kerbe für den Mund mit der Messerspitze weg. So entsteht eine abgerundete Form des Mundes.

Etwa 2 cm oberhalb der Augen wird der Zweig jetzt abgesägt. Lass dir dabei von einem Erwachsenen helfen. Das Ende rundest du mit feinen Schnitten.

Etwa 2 cm unterhalb des Mundes schneidest du rundherum eine Kerbe ein.

Durch die Kerbe ist die Kopfform an der Unterseite bereits gerundet. An dieser Kerbe kannst du jetzt den Kopf absägen. Lass das am besten einen Erwachsenen machen.

Nun kannst du für deine Figur mit schrägen Einschnitten an der Oberseite eine Frisur gestalten. Gehe dabei wie beim Kerben vor: Es entstehen kleine dreieckige Einschnitte.

Für den Hals schneidest du mit feinen Schnitten einen tiefen Ring in die Rinde. Dann sägst du den Ast unter dem Hals ab. Für einen Stiftaufsatz bohrst du am unteren Ende in der Mitte ein gerades Loch. Für einen Anhänger drehst du oben auf dem Kopf eine Schrauböse ein oder durchbohrst den Ast quer wie auf dem Foto zu sehen. Lass dir dabei von einem Erwachsenen helfen.